UN MOT

SUR

LA CONVERSION DES RENTES.

UN MOT

SUR LA

CONVERSION DES RENTES

CINQ POUR CENT.

3 AVRIL 1838.

PARIS,
IMPRIMERIE DE E. DUVERGER,
RUE DE VERNEUIL, N° 4.

UN MOT

SUR LA CONVERSION DES RENTES

CINQ POUR CENT.

———✳———

Pour rendre plus facile la discussion sur la conversion des rentes 5 p. 100, et l'amener à une solution définitive, il faudrait préalablement envisager d'une manière exacte et précise les différents points de vue qu'offre cette question. On sera ainsi conduit à reconnaître avec plus de justesse ses véritables difficultés ; car il ne faut pas oublier qu'elle doit être intelligible pour les esprits les moins habitués à suivre les discussions financières.

La conversion des rentes 5 p. 100 présente pour les rentiers deux questions ou deux parties de question distinctes : la réduction de l'intérêt, et la diminution du capital, diminution réelle du moment que le cours a dépassé le pair.

L'une de ces deux questions, je pense, présente une solution plus facile ; nous ne la ferons pas attendre, afin de concentrer ensuite la discussion sur celle qui offre le plus de difficultés. Moins il y a de sujets à décider, plus la décision devient facile.

Quel est le motif fondamental de la conversion? C'est que l'État, pouvant emprunter à moins de 5 p. 100, ne doit pas continuer à payer 5 p. 100. On aura beau chercher d'autres raisons, d'autres arguments en faveur de la conversion, on n'en trouvera pas de parfaitement incontestables, et certes les motifs d'une semblable opération doivent être aussi incontestables qu'incontestés.

Que l'État puisse contracter des emprunts à moins de 5 p. 100, c'est ce qui paraît aujourd'hui admis par tout le monde, ce qui ne l'était point quand la question de la conversion fut soulevée par M. de Villèle. Des faits irréfragables attestent que l'État peut emprunter maintenant à 4 p. 100, et cette preuve est encore plus décisive que le prix de Bourse des rentes 4 p. 100, qui dépasse le pair.

Si l'État voulait se borner à la réduction de l'intérêt ou du revenu du rentier, celui-ci n'aurait absolument rien à dire, et consentirait probablement de bonne grâce à la conversion. Le taux de l'intérêt a été de 5 p. 100 ; il a été même de 20 p. 100 et plus ; maintenant il est à 4 ; c'est un fait prouvé, reconnu. Or, dira l'État au rentier, je vous offre le seul intérêt qu'on puisse obtenir à présent.

Mais à entendre les conversionistes, l'État doit aller plus loin, et diminuer le capital en même temps que l'intérêt, et c'est ici qu'il faut d'abord définir le capital *réel* des rentes 5 p. 100[1].

(1) Les théories sur le crédit, sur les fonds publics, ont été très embrouillées par des personnes à habitudes mercantiles, ainsi que par ces hommes *pratiques*, comme ils se nomment eux-mêmes, trop enclins parfois à baser leurs doctrines sur des faits souvent contestables. La gigantesque dette publique de l'Angleterre a été nuisible, non-seulement à cause du fardeau qu'elle a imposé à des générations entières, mais aussi en ce qu'elle a fait éclore tant de théories fausses ou exagérées sur la nature des dettes publiques. Il faut espérer qu'on reviendra de ces théories comme on est revenu de celles du papier-monnaie, des balances commerciales, des encouragements à l'industrie par des tarifs protecteurs. Déjà même on commence à avoir des idées plus saines sur cette inconcevable fantasmagorie qu'on appelle l'amortissement.

Si on se fût tenu au simple bon sens et à la logique, qui disent qu'une dette contractée de bonne foi doit être payée, on se fût épargné bien des maux, bien des pertes. On a calculé que, l'Angleterre augmentant seulement d'un demi

La dénomination même de ces rentes, qui sont désignées par le chiffre 5, ne prouve pas le chiffre ou le montant du capital. Les emprunts soi-disant à 5 p. 100 ont été négociés au-dessous du pair, et l'État contractait alors, non à 5, mais à 7, 8 et 9 p. 100. On aurait pu, sans inconvénient, se borner à indiquer sur les inscriptions seulement le montant de la rente à payer, comme l'a fait le fondateur du Grand-Livre, dès qu'on ne voulait pas stipuler, au moment même des emprunts, que l'État se réservait le droit de les rembourser à raison de 100 francs pour 5 francs de rente.

Qu'est-ce que représentent les inscriptions des rentes 5 p. 100? Pour le possesseur elles re-

pour cent le taux de l'intérêt qu'elle s'obligeait à payer pour les sommes immenses empruntées par elle pendant la dernière guerre, sa dette publique, à l'heure qu'il est, serait moindre d'environ 50,000,000 de livres sterl. Mais non; en empruntant, on pensait seulement au paiement des intérêts et non au remboursement des sommes empruntées, et on accroissait le capital en tâchant de diminuer l'intérêt. Ce n'est qu'à la paix, quand on a pu procéder à la réduction de l'intérêt payé par l'État, qu'on a reconnu qu'en faisant un sacrifice temporaire d'un demi pour cent sur le taux de l'intérêt on aurait économisé une partie considérable du capital.

presentent le capital qu'il a payé pour leur acquisition; pour l'État elles représentent l'obligation de payer la somme, appelée rente, qui y est indiquée. Donc, le véritable capital de chaque inscription n'est autre chose que le capital payé pour son acquisition; et, remarquez-le bien, l'opinion de ceux qui veulent la conversion au pair ne peut être basée que sur la difficulté ou l'impossibilité d'établir le capital véritable de chaque inscription, c'est-à-dire la somme qu'elle a coûtée à acquérir. Cette impossibilité conduit-elle donc si droit à la nécessité de reconnaître que 5 fr. de rente ne représentent que 100 fr. de capital? Ne pourrait-on pas plutôt, et plus logiquement, prétendre que, dans l'impossibilité d'établir le capital véritable de chaque inscription, on doit nécessairement le définir d'après la valeur vénale des inscriptions et les évaluer d'après le prix auquel elles pourraient être réalisées à l'époque de la conversion?

On dira que les rentiers étaient *menacés* depuis longtemps de la réduction[1]; oui, mais à

(1) Ceux qui disent que les rentiers peuvent encore à présent éviter les inconvénients de la conversion au pair, en vendant leurs inscriptions au prix élevé auquel elles sont cotées dans le moment, oublient que si un grand nombre de

cela on pourrait répondre, et on a répondu, que les lois ne peuvent pas avoir d'effet rétroactif, que le Code civil ne peut pas être invoqué là où les parties ne sont pas égales. Au surplus, il faut bien convenir que des arguments de cette espèce ne sont guère propres à être employés dans une pareille discussion; la *légalité*, fût-elle prouvée, ne suffirait pas. L'*équité* seule peut et doit décider ici. Or, pourrez-vous jamais persuader à un homme, qui a acheté des rentes 5 p. 100 à 110, que vous êtes équitable à son égard en lui ôtant, non-seulement le cinquième de son revenu, mais encore un onzième de son capital? « Pour ce qui est de l'intérêt, vous dira-t-il, vous pouvez me l'offrir à tel taux que vous trouvez bon, sauf à moi à l'accepter. Mais comment me payer 100 fr. pour 110 que me coûte votre inscription? Hier encore je pouvais réaliser mon capital en entier; aujourd'hui vous m'en ôtez une portion! » On aura beau faire, le rentier ne croira jamais à l'équité d'une conversion au pair. Pour lui ce sera une spoliation, une perte, si

rentiers voulaient suivre cette idée, les rentes baisseraient bien vite par suite de la concurrence des vendeurs. Cette mesure ne pourrait convenir qu'à un très petit nombre de rentiers, et alors l'argument n'est pas sérieux.

vous voulez. Et la perte, en ce cas, est-ce de l'équité?

Ce n'est pas sans raison qu'on a dit : « *Justice n'est pas justice; justice est équité.* » On pourrait dire de plus que pour les affaires délicates de crédit : « *Equité est prudence.* »

En effet, le dogme de l'équité paraît être tellement vivace de nos jours, que l'Angleterre n'a pas craint d'ajouter à sa dette immense un nouvel emprunt pour indemniser les propriétaires d'esclaves qui doivent être affranchis. La France paraît vouloir suivre cet exemple, et, soit dit en passant, il ne reste qu'à désirer qu'on commence cette œuvre de réparation par les affranchis, en leur donnant d'abord une indemnité pour les souffrances qu'ils ont endurées pendant l'esclavage. En réfléchissant bien à l'équité de cette mesure, à la justice de l'indemnité qu'on croit devoir allouer aux propriétaires d'esclaves, il sera évident que le rentier, remboursé au pair, sera traité avec moins de bienveillance.

Il arrive quelquefois que les gouvernements font de généreux sacrifices dans leurs opérations financières; celui des Pays-Bas, avant la séparation des deux royaumes, a commencé par restituer aux rentiers les deux tiers dont ils avaient été privés par la consolidation du tiers. On a dit que des intérêts personnels, ceux surtout d'un auguste personnage, n'avaient pas été sans influence sur cette détermination du gouvernement; mais cette mesure, quand même on la blâmerait comme trop généreuse, n'en a pas moins eu pour résultat immédiat d'affermir le crédit public et de faciliter à l'État les emprunts qu'il crut devoir postérieurement contracter. Les motifs du crédit dont la Russie a joui en Hollande sont tout-à-fait analogues; on sait que ce gouvernement, aussitôt après la paix, a fait payer les arrérages des rentes dont le service avait été interrompu pendant la guerre, et dont les inscriptions étaient tombées très bas.

M. Humann, qui a soulevé cette fois la question de la conversion, a rendu hommage au principe que nous défendons en proposant ses huit annuités; seulement il a reculé devant ses dernières conséquences. Si les huit annuités, au lieu d'être payées en huit années sans intérêts, eussent été de suite ajoutées au capital, le sacrifice eût été sans doute plus grand, mais aussi la mesure eût été complète, plus logique et moins arbitraire.

Quant au taux qui doit servir à la conversion du 5 p. 100, il y a une règle salutaire à suivre:

c'est d'adopter le taux auquel le gouvernement peut emprunter au pair; s'il est en mesure de contracter des emprunts au pair au taux de 3 et demi, 3 trois quarts p. 100, qu'il convertisse le 5 p. 100 en rentes de 3 et demi, 3 trois quarts p. 100.

Mais il serait peut-être plus conforme à la situation du crédit public en France, et plus utile à l'efficacité de la mesure, d'adopter sans hésitation le taux de 4 p. 100. Ceux qui proposent d'adopter un chiffre inférieur, par exemple 3 p. 100 à 75 fr., c'est-à-dire d'inscrire 100 fr. pour 75 fr. de capital, dérogent aux principes du crédit, principes qui ont été justifiés par l'exemple de l'Angleterre, et que nous avons expliqués.

Quel mal y aurait-il si ces nouvelles rentes 4 p. 100 passaient bientôt le pair? il faudrait plutôt s'en applaudir. Le gouvernement pourrait alors procéder à une nouvelle réduction; et ce serait loin d'être un mal, dès que le droit de réduction aurait été préalablement stipulé. Que veut dire après tout cette *élasticité* qu'on croit si utile au crédit, et dont on ne craint pas de doter les nouvelles rentes au prix de l'augmentation d'un quart du capital? Peut-être ne veut-on en cela autre chose que donner *de plus grandes facilités aux spéculations de bourse?* L'État, pourrait-on dire, profite de cette élasticité, qui fait monter les rentes. Mais est-ce bien de tels profits qu'un gouvernement doit désirer? Et quel avantage peut résulter pour le pays de ce qu'une certaine valeur se vend et s'achète au-delà de ce qu'elle vaut réellement, et cela par suite de l'activité factice et improductive qui anime tout à coup un certain nombre de spéculateurs?

En prenant pour le cours actuel des rentes 5 p. 100 le chiffre de 110, la mesure que nous proposons ferait descendre la somme des intérêts payés par l'Etat, de 140,000,000 fr. à 123,200,000; mais en réalisant pour l'avenir une économie de 16,800,000 fr., on augmenterait le capital de la dette de 10 p. 100, c'est-à-dire en portant la somme des intérêts payés de 140,000,000 à 280,000,000 fr., somme énorme! De plus, nous ne cachons pas notre conviction, que toute mesure entraînant une augmentation gratuite de capital, c'est-à-dire une augmentation sans fonds touchés, est nécessairement pernicieuse. Mais entre les maux il faut choisir les moindres, et comme la question de la conversion a été soulevée, nous ne pouvons imaginer d'autre moyen de la résoudre *d'une manière équitable.*

Quand même la mesure proposée serait équitable et même généreuse, il faudrait encore penser à assurer son efficacité par une sanction quelconque; nous sommes alors nécessairement amené à discuter la question de savoir comment on agirait envers les rentiers qui, même avec l'augmentation de capital proposée, ne voudraient pas consentir à la conversion. La solution la plus simple serait de leur rembourser le capital augmenté. Mais dans ce cas il serait à craindre qu'un trop grand nombre de rentiers ne préférassent toucher le capital augmenté sans vouloir le replacer en rentes 4 p. 100 ; et alors un des avantages de la mesure qui consiste à épargner au Gouvernement une grande partie des frais et des embarras auxquels il serait assujetti s'il fallait préparer des capitaux immenses pour le remboursement des rentiers récalcitrants, cet avantage serait perdu. Il faut donc de toute nécessité établir une distinction entre les rentiers qui consentiront à la conversion et ceux qui voudront le remboursement, en accordant un avantage aux premiers. Ne pourrait-on pas, en offrant d'inscrire 110 fr. à 4 p. 100 pour 5 fr. de rente à ceux qui acquiesceraient à cette mesure, ne promettre aux dissidents que le remboursement au pair avec dix annuités payables dans dix années sans intérêts? Cette distinction entre les porteurs de rentes serait un peu arbitraire, mais la mesure en elle-même n'en serait pas moins *équitable*.

www.ingramcontent.com/pod-product-compliance
Lightning Source LLC
Chambersburg PA
CBHW070439080426
42450CB00031B/2726